Celebrating the retirement of our beloved colleague, friend and teacher

Retirement Memory Book

Happy RETIREMENT, teacher!

Name: _____

Message: _____

_____

_____

_____

_____

Email / Phone: _____

Name: _____

Message: _____

_____

_____

_____

_____

Email / Phone: _____

Name: _____

Message: _____

_____

_____

_____

_____

Email / Phone: _____

Happy RETIREMENT, teacher!

Name: _____

Message: _____

_____

_____

_____

_____

Email / Phone: _____

Name: _____

Message: _____

_____

_____

_____

_____

Email / Phone: _____

Name: _____

Message: _____

_____

_____

_____

_____

Email / Phone: _____

Happy RETIREMENT, teacher!

Name: _____
Message: _____
_____
_____
_____
_____

Email / Phone: _____

Name: _____
Message: _____
_____
_____
_____
_____

Email / Phone: _____

Name: _____
Message: _____
_____
_____
_____
_____

Email / Phone: _____

Happy RETIREMENT, teacher!

Name: _____

Message: _____

_____

_____

_____

_____

Email / Phone: _____

Name: _____

Message: _____

_____

_____

_____

_____

Email / Phone: _____

Name: _____

Message: _____

_____

_____

_____

_____

Email / Phone: _____

Happy RETIREMENT, teacher!

Name: _____

Message: _____

_____

_____

_____

_____

_____

Email / Phone: _____

Name: _____

Message: _____

_____

_____

_____

_____

_____

Email / Phone: _____

Name: _____

Message: _____

_____

_____

_____

_____

Email / Phone: _____

Happy RETIREMENT, teacher!

Name: _____

Message: _____

_____

_____

_____

_____

Email / Phone: _____

Name: _____

Message: _____

_____

_____

_____

_____

Email / Phone: _____

Name: _____

Message: _____

_____

_____

_____

_____

Email / Phone: _____

Happy RETIREMENT, teacher!

Name: _____

Message: _____

_____

_____

_____

_____

Email / Phone: _____

Name: _____

Message: _____

_____

_____

_____

_____

Email / Phone: _____

Name: _____

Message: _____

_____

_____

_____

_____

Email / Phone: _____

Happy RETIREMENT, teacher!

Name: _____

Message: _____

_____

_____

_____

_____

Email / Phone: _____

Name: _____

Message: _____

_____

_____

_____

_____

Email / Phone: _____

Name: _____

Message: _____

_____

_____

_____

_____

Email / Phone: _____

Happy RETIREMENT, teacher!

Name: _____

Message: _____

_____

_____

_____

_____

Email / Phone: _____

Name: _____

Message: _____

_____

_____

_____

_____

Email / Phone: _____

Name: _____

Message: _____

_____

_____

_____

_____

Email / Phone: _____

Happy RETIREMENT, teacher!

Name: _____

Message: _____

_____

_____

_____

_____

Email / Phone: _____

Name: _____

Message: _____

_____

_____

_____

_____

Email / Phone: _____

Name: _____

Message: _____

_____

_____

_____

_____

Email / Phone: _____

Happy RETIREMENT, teacher!

Name: _____

Message: _____

_____

_____

_____

_____

Email / Phone: _____

Name: _____

Message: _____

_____

_____

_____

_____

Email / Phone: _____

Name: _____

Message: _____

_____

_____

_____

_____

Email / Phone: _____

Happy RETIREMENT, teacher!

Name: _____

Message: _____

_____

_____

_____

_____

_____

Email / Phone: _____

Name: _____

Message: _____

_____

_____

_____

_____

_____

Email / Phone: _____

Name: _____

Message: _____

_____

_____

_____

_____

_____

Email / Phone: _____

Happy RETIREMENT, teacher!

Name: _____
Message: _____

_____

_____

_____

_____

Email / Phone: _____

Name: _____
Message: _____

_____

_____

_____

_____

Email / Phone: _____

Name: _____
Message: _____

_____

_____

_____

_____

Email / Phone: _____

Happy RETIREMENT, teacher!

Name: _____

Message: _____

_____

_____

_____

_____

Email / Phone: _____

Name: _____

Message: _____

_____

_____

_____

_____

Email / Phone: _____

Name: _____

Message: _____

_____

_____

_____

_____

Email / Phone: _____

Happy RETIREMENT, teacher!

Name: _____

Message: _____

_____

_____

_____

_____

Email / Phone: _____

Name: _____

Message: _____

_____

_____

_____

_____

Email / Phone: _____

Name: _____

Message: _____

_____

_____

_____

_____

Email / Phone: _____

Happy RETIREMENT, teacher!

Name: _____

Message: _____

_____

_____

_____

_____

Email / Phone: _____

Name: _____

Message: _____

_____

_____

_____

_____

Email / Phone: _____

Name: _____

Message: _____

_____

_____

_____

_____

Email / Phone: _____

Happy RETIREMENT, teacher!

Name: _____

Message: _____

_____

_____

_____

_____

Email / Phone: _____

Name: _____

Message: _____

_____

_____

_____

_____

Email / Phone: _____

Name: _____

Message: _____

_____

_____

_____

_____

Email / Phone: _____

Happy RETIREMENT, teacher!

Name: _____

Message: _____

_____

_____

_____

_____

_____

Email / Phone: _____

Name: _____

Message: _____

_____

_____

_____

_____

_____

Email / Phone: _____

Name: _____

Message: _____

_____

_____

_____

_____

_____

Email / Phone: _____

Happy RETIREMENT, teacher!

Name: _____

Message: _____

_____

_____

_____

_____

Email / Phone: _____

Name: _____

Message: _____

_____

_____

_____

_____

Email / Phone: _____

Name: _____

Message: _____

_____

_____

_____

_____

Email / Phone: _____

Happy RETIREMENT, teacher!

Name: _____

Message: _____

_____

_____

_____

_____

Email / Phone: _____

Name: _____

Message: _____

_____

_____

_____

_____

Email / Phone: _____

Name: _____

Message: _____

_____

_____

_____

_____

Email / Phone: _____

Happy RETIREMENT, teacher!

Name: _____

Message: _____

_____

_____

_____

_____

Email / Phone: _____

Name: _____

Message: _____

_____

_____

_____

_____

Email / Phone: _____

Name: _____

Message: _____

_____

_____

_____

_____

Email / Phone: _____

Happy RETIREMENT, teacher!

Name: _____

Message: _____

_____

_____

_____

_____

Email / Phone: _____

Name: _____

Message: _____

_____

_____

_____

_____

Email / Phone: _____

Name: _____

Message: _____

_____

_____

_____

_____

Email / Phone: _____

Happy RETIREMENT, teacher!

Name: _____

Message: _____

_____

_____

_____

_____

_____

Email / Phone: _____

Name: _____

Message: _____

_____

_____

_____

_____

_____

Email / Phone: _____

Name: _____

Message: _____

_____

_____

_____

_____

_____

Email / Phone: _____

Happy RETIREMENT, teacher!

Name: _____

Message: _____

_____

_____

_____

_____

Email / Phone: _____

Name: _____

Message: _____

_____

_____

_____

_____

Email / Phone: _____

Name: _____

Message: _____

_____

_____

_____

_____

Email / Phone: _____

Happy RETIREMENT, teacher!

Name: _____

Message: _____

_____

_____

_____

_____

Email / Phone: _____

Name: _____

Message: _____

_____

_____

_____

_____

Email / Phone: _____

Name: _____

Message: _____

_____

_____

_____

_____

Email / Phone: _____

Happy RETIREMENT, teacher!

Name: _____

Message: _____

_____

_____

_____

_____

Email / Phone: _____

Name: _____

Message: _____

_____

_____

_____

_____

Email / Phone: _____

Name: _____

Message: _____

_____

_____

_____

_____

Email / Phone: _____

Happy RETIREMENT, teacher!

Name: _____

Message: _____

_____

_____

_____

_____

Email / Phone: _____

Name: _____

Message: _____

_____

_____

_____

_____

Email / Phone: _____

Name: _____

Message: _____

_____

_____

_____

_____

Email / Phone: _____

Happy RETIREMENT, teacher!

Name: _____

Message: _____

_____

_____

_____

_____

Email / Phone: _____

Name: _____

Message: _____

_____

_____

_____

_____

Email / Phone: _____

Name: _____

Message: _____

_____

_____

_____

_____

Email / Phone: _____

Happy RETIREMENT, teacher!

Name: _____

Message: _____

_____

_____

_____

_____

Email / Phone: _____

Name: _____

Message: _____

_____

_____

_____

_____

Email / Phone: _____

Name: _____

Message: _____

_____

_____

_____

_____

Email / Phone: _____

Happy RETIREMENT, teacher!

Name: _____

Message: _____

_____

_____

_____

_____

Email / Phone: _____

Name: _____

Message: _____

_____

_____

_____

_____

Email / Phone: _____

Name: _____

Message: _____

_____

_____

_____

_____

Email / Phone: _____

Happy RETIREMENT, teacher!

Name: _____

Message: _____

_____

_____

_____

_____

Email / Phone: _____

Name: _____

Message: _____

_____

_____

_____

_____

Email / Phone: _____

Name: _____

Message: _____

_____

_____

_____

_____

Email / Phone: _____

Happy RETIREMENT, teacher!

Name: _____

Message: _____

_____

_____

_____

_____

Email / Phone: _____

Name: _____

Message: _____

_____

_____

_____

_____

Email / Phone: _____

Name: _____

Message: _____

_____

_____

_____

_____

Email / Phone: _____

Happy RETIREMENT, teacher!

Name: _____

Message: _____

_____

_____

_____

_____

Email / Phone: _____

Name: _____

Message: _____

_____

_____

_____

_____

Email / Phone: _____

Name: _____

Message: _____

_____

_____

_____

_____

Email / Phone: _____

Happy RETIREMENT, teacher!

Name: _____

Message: _____

_____

_____

_____

_____

Email / Phone: _____

Name: _____

Message: _____

_____

_____

_____

_____

Email / Phone: _____

Name: _____

Message: _____

_____

_____

_____

_____

Email / Phone: _____

Happy RETIREMENT, teacher!

Name: _____

Message: _____

_____

_____

_____

_____

Email / Phone: _____

Name: _____

Message: _____

_____

_____

_____

_____

Email / Phone: _____

Name: _____

Message: _____

_____

_____

_____

_____

Email / Phone: _____

Happy RETIREMENT, teacher!

Name: _____

Message: _____

_____

_____

_____

_____

Email / Phone: _____

Name: _____

Message: _____

_____

_____

_____

_____

Email / Phone: _____

Name: _____

Message: _____

_____

_____

_____

_____

Email / Phone: _____

Happy RETIREMENT, teacher!

Name: _____

Message: _____

_____

_____

_____

_____

Email / Phone: _____

Name: _____

Message: _____

_____

_____

_____

_____

Email / Phone: _____

Name: _____

Message: _____

_____

_____

_____

_____

Email / Phone: _____

Happy RETIREMENT, teacher!

Name: _____

Message: _____

_____

_____

_____

_____

Email / Phone: _____

Name: _____

Message: _____

_____

_____

_____

_____

Email / Phone: _____

Name: _____

Message: _____

_____

_____

_____

_____

Email / Phone: _____

Happy RETIREMENT, teacher!

Name: _____

Message: _____

_____

_____

_____

_____

Email / Phone: _____

Name: _____

Message: _____

_____

_____

_____

_____

Email / Phone: _____

Name: _____

Message: _____

_____

_____

_____

_____

Email / Phone: _____

Happy RETIREMENT, teacher!

Name: _____

Message: _____

_____

_____

_____

_____

Email / Phone: _____

Name: _____

Message: _____

_____

_____

_____

_____

Email / Phone: _____

Name: _____

Message: _____

_____

_____

_____

_____

Email / Phone: _____

Happy RETIREMENT, teacher!

Name: _____

Message: _____

_____

_____

_____

_____

Email / Phone: _____

Name: _____

Message: _____

_____

_____

_____

_____

Email / Phone: _____

Name: _____

Message: _____

_____

_____

_____

_____

Email / Phone: _____

Happy RETIREMENT, teacher!

Name: _____

Message: _____

_____

_____

_____

_____

Email / Phone: _____

Name: _____

Message: _____

_____

_____

_____

_____

Email / Phone: _____

Name: _____

Message: _____

_____

_____

_____

_____

Email / Phone: _____

Happy RETIREMENT, teacher!

Name: _____

Message: _____

_____

_____

_____

_____

Email / Phone: _____

Name: _____

Message: _____

_____

_____

_____

_____

Email / Phone: _____

Name: _____

Message: _____

_____

_____

_____

_____

Email / Phone: _____

Happy RETIREMENT, teacher!

Name: _____

Message: _____

_____

_____

_____

_____

Email / Phone: _____

Name: _____

Message: _____

_____

_____

_____

_____

Email / Phone: _____

Name: _____

Message: _____

_____

_____

_____

_____

Email / Phone: _____

Happy RETIREMENT, teacher!

Name: _____

Message: _____

_____

_____

_____

_____

Email / Phone: _____

Name: _____

Message: _____

_____

_____

_____

_____

Email / Phone: _____

Name: _____

Message: _____

_____

_____

_____

_____

Email / Phone: _____

Happy RETIREMENT, teacher!

Name: _____

Message: _____

_____

_____

_____

_____

Email / Phone: _____

Name: _____

Message: _____

_____

_____

_____

_____

Email / Phone: _____

Name: _____

Message: _____

_____

_____

_____

_____

Email / Phone: _____

Happy RETIREMENT, teacher!

Name: _____

Message: _____

_____

_____

_____

_____

Email / Phone: _____

Name: _____

Message: _____

_____

_____

_____

_____

Email / Phone: _____

Name: _____

Message: _____

_____

_____

_____

_____

Email / Phone: _____

Happy RETIREMENT, teacher!

Name: _____

Message: _____

_____

_____

_____

_____

Email / Phone: _____

Name: _____

Message: _____

_____

_____

_____

_____

Email / Phone: _____

Name: _____

Message: _____

_____

_____

_____

_____

Email / Phone: _____

Happy RETIREMENT, teacher!

Name: _____

Message: _____

_____

_____

_____

_____

Email / Phone: _____

Name: _____

Message: _____

_____

_____

_____

_____

Email / Phone: _____

Name: _____

Message: _____

_____

_____

_____

_____

Email / Phone: _____

Happy RETIREMENT, teacher!

Name: _____

Message: _____

_____

_____

_____

_____

Email / Phone: _____

Name: _____

Message: _____

_____

_____

_____

_____

Email / Phone: _____

Name: _____

Message: _____

_____

_____

_____

_____

Email / Phone: _____

Happy RETIREMENT, teacher!

Name: _____

Message: _____

_____

_____

_____

_____

Email / Phone: _____

Name: _____

Message: _____

_____

_____

_____

_____

Email / Phone: _____

Name: _____

Message: _____

_____

_____

_____

_____

Email / Phone: _____

Happy RETIREMENT, teacher!

Name: _____

Message: _____

_____

_____

_____

_____

_____

Email / Phone: _____

Name: _____

Message: _____

_____

_____

_____

_____

_____

Email / Phone: _____

Name: _____

Message: _____

_____

_____

_____

_____

_____

Email / Phone: _____

Happy RETIREMENT, teacher!

Name: _____

Message: _____

_____

_____

_____

_____

Email / Phone: _____

Name: _____

Message: _____

_____

_____

_____

_____

Email / Phone: _____

Name: _____

Message: _____

_____

_____

_____

_____

Email / Phone: _____

Happy RETIREMENT, teacher!

Name: _____

Message: _____

_____

_____

_____

_____

Email / Phone: _____

Name: _____

Message: _____

_____

_____

_____

_____

Email / Phone: _____

Name: _____

Message: _____

_____

_____

_____

_____

Email / Phone: _____

Happy RETIREMENT, teacher!

Name: _____

Message: _____

_____

_____

_____

_____

Email / Phone: _____

Name: _____

Message: _____

_____

_____

_____

_____

Email / Phone: _____

Name: _____

Message: _____

_____

_____

_____

_____

Email / Phone: _____

Happy RETIREMENT, teacher!

Name: _____

Message: _____

_____

_____

_____

_____

Email / Phone: _____

Name: _____

Message: _____

_____

_____

_____

_____

Email / Phone: _____

Name: _____

Message: _____

_____

_____

_____

_____

Email / Phone: _____

Happy RETIREMENT, teacher!

Name: _____

Message: _____

_____

_____

_____

_____

Email / Phone: _____

Name: _____

Message: _____

_____

_____

_____

_____

Email / Phone: _____

Name: _____

Message: _____

_____

_____

_____

_____

Email / Phone: _____

Happy RETIREMENT, teacher!

Name: _____

Message: _____

_____

_____

_____

_____

Email / Phone: _____

Name: _____

Message: _____

_____

_____

_____

_____

Email / Phone: _____

Name: _____

Message: _____

_____

_____

_____

_____

Email / Phone: _____

Happy RETIREMENT, teacher!

Name: _____

Message: _____

_____

_____

_____

_____

Email / Phone: _____

Name: _____

Message: _____

_____

_____

_____

_____

Email / Phone: _____

Name: _____

Message: _____

_____

_____

_____

_____

Email / Phone: _____

Happy RETIREMENT, teacher!

Name: _____

Message: _____

_____

_____

_____

_____

Email / Phone: _____

Name: _____

Message: _____

_____

_____

_____

_____

Email / Phone: _____

Name: _____

Message: _____

_____

_____

_____

_____

Email / Phone: _____

Happy RETIREMENT, teacher!

Name: _____

Message: _____

_____

_____

_____

_____

Email / Phone: _____

Name: _____

Message: _____

_____

_____

_____

_____

Email / Phone: _____

Name: _____

Message: _____

_____

_____

_____

_____

Email / Phone: _____

Happy RETIREMENT, teacher!

Name: _____

Message: _____

_____

_____

_____

_____

Email / Phone: _____

Name: _____

Message: _____

_____

_____

_____

_____

Email / Phone: _____

Name: _____

Message: _____

_____

_____

_____

_____

Email / Phone: _____

Happy RETIREMENT, teacher!

Name: _____

Message: _____

_____

_____

_____

_____

Email / Phone: _____

Name: _____

Message: _____

_____

_____

_____

_____

Email / Phone: _____

Name: _____

Message: _____

_____

_____

_____

_____

Email / Phone: _____

Happy RETIREMENT, teacher!

Name: _____

Message: _____

_____

_____

_____

_____

Email / Phone: _____

Name: _____

Message: _____

_____

_____

_____

_____

Email / Phone: _____

Name: _____

Message: _____

_____

_____

_____

_____

Email / Phone: _____

Happy RETIREMENT, teacher!

Name: _____

Message: _____

_____

_____

_____

_____

Email / Phone: _____

Name: _____

Message: _____

_____

_____

_____

_____

Email / Phone: _____

Name: _____

Message: _____

_____

_____

_____

_____

Email / Phone: _____

Happy RETIREMENT, teacher!

Name: _____

Message: _____

_____

_____

_____

_____

Email / Phone: _____

Name: _____

Message: _____

_____

_____

_____

_____

Email / Phone: _____

Name: _____

Message: _____

_____

_____

_____

_____

Email / Phone: _____

Happy RETIREMENT, teacher!

Name: _____

Message: _____

_____

_____

_____

_____

Email / Phone: _____

Name: _____

Message: _____

_____

_____

_____

_____

Email / Phone: _____

Name: _____

Message: _____

_____

_____

_____

_____

Email / Phone: _____

Happy RETIREMENT, teacher!

Name: _____

Message: _____

_____

_____

_____

_____

Email / Phone: _____

Name: _____

Message: _____

_____

_____

_____

_____

Email / Phone: _____

Name: _____

Message: _____

_____

_____

_____

_____

Email / Phone: _____

Happy RETIREMENT, teacher!

Name: _____

Message: _____

_____

_____

_____

_____

Email / Phone: _____

Name: _____

Message: _____

_____

_____

_____

_____

Email / Phone: _____

Name: _____

Message: _____

_____

_____

_____

_____

Email / Phone: _____

Happy RETIREMENT, teacher!

Name: _____

Message: _____

_____

_____

_____

_____

Email / Phone: _____

Name: _____

Message: _____

_____

_____

_____

_____

Email / Phone: _____

Name: _____

Message: _____

_____

_____

_____

_____

Email / Phone: _____

Happy RETIREMENT, teacher!

Name: _____

Message: _____

_____

_____

_____

_____

Email / Phone: _____

Name: _____

Message: _____

_____

_____

_____

_____

Email / Phone: _____

Name: _____

Message: _____

_____

_____

_____

_____

Email / Phone: _____

Happy RETIREMENT, teacher!

Name: _____

Message: _____

_____

_____

_____

_____

Email / Phone: _____

Name: _____

Message: _____

_____

_____

_____

_____

Email / Phone: _____

Name: _____

Message: _____

_____

_____

_____

_____

Email / Phone: _____

Happy RETIREMENT, teacher!

Name: _____

Message: _____

_____

_____

_____

_____

Email / Phone: _____

Name: _____

Message: _____

_____

_____

_____

_____

Email / Phone: _____

Name: _____

Message: _____

_____

_____

_____

_____

Email / Phone: _____

Happy RETIREMENT, teacher!

Name: _____

Message: _____

_____

_____

_____

_____

Email / Phone: _____

Name: _____

Message: _____

_____

_____

_____

_____

Email / Phone: _____

Name: _____

Message: _____

_____

_____

_____

_____

Email / Phone: _____

Happy RETIREMENT, teacher!

Name: _____

Message: _____

_____

_____

_____

_____

Email / Phone: _____

Name: _____

Message: _____

_____

_____

_____

_____

Email / Phone: _____

Name: _____

Message: _____

_____

_____

_____

_____

Email / Phone: _____

Happy RETIREMENT, teacher!

Name: _____

Message: _____

_____

_____

_____

_____

Email / Phone: _____

Name: _____

Message: _____

_____

_____

_____

_____

Email / Phone: _____

Name: _____

Message: _____

_____

_____

_____

_____

Email / Phone: _____

Happy RETIREMENT, teacher!

Name: _____

Message: _____

_____

_____

_____

_____

Email / Phone: _____

Name: _____

Message: _____

_____

_____

_____

_____

Email / Phone: _____

Name: _____

Message: _____

_____

_____

_____

_____

Email / Phone: _____

Happy RETIREMENT, teacher!

Name: _____

Message: _____

_____

_____

_____

_____

Email / Phone: _____

Name: _____

Message: _____

_____

_____

_____

_____

Email / Phone: _____

Name: _____

Message: _____

_____

_____

_____

_____

Email / Phone: _____

Happy RETIREMENT, teacher!

Name: _____

Message: _____

_____

_____

_____

_____

Email / Phone: _____

Name: _____

Message: _____

_____

_____

_____

_____

Email / Phone: _____

Name: _____

Message: _____

_____

_____

_____

_____

Email / Phone: _____

Happy RETIREMENT, teacher!

Name: _____

Message: _____

_____

_____

_____

_____

Email / Phone: _____

Name: _____

Message: _____

_____

_____

_____

_____

Email / Phone: _____

Name: _____

Message: _____

_____

_____

_____

_____

Email / Phone: _____

Happy RETIREMENT, teacher!

Name: _____

Message: _____

_____

_____

_____

_____

Email / Phone: _____

Name: _____

Message: _____

_____

_____

_____

_____

Email / Phone: _____

Name: _____

Message: _____

_____

_____

_____

_____

Email / Phone: _____

Happy RETIREMENT, teacher!

Name: _____

Message: _____

_____

_____

_____

_____

Email / Phone: _____

Name: _____

Message: _____

_____

_____

_____

_____

Email / Phone: _____

Name: _____

Message: _____

_____

_____

_____

_____

Email / Phone: _____

Happy RETIREMENT, teacher!

Name: _____

Message: _____

_____

_____

_____

_____

Email / Phone: _____

Name: _____

Message: _____

_____

_____

_____

_____

Email / Phone: _____

Name: _____

Message: _____

_____

_____

_____

_____

Email / Phone: _____

Happy RETIREMENT, teacher!

Name: _____

Message: _____

_____

_____

_____

_____

Email / Phone: _____

Name: _____

Message: _____

_____

_____

_____

_____

Email / Phone: _____

Name: _____

Message: _____

_____

_____

_____

_____

Email / Phone: _____

Happy RETIREMENT, teacher!

Name: _____

Message: _____

_____

_____

_____

_____

Email / Phone: _____

Name: _____

Message: _____

_____

_____

_____

_____

Email / Phone: _____

Name: _____

Message: _____

_____

_____

_____

_____

Email / Phone: _____

Happy RETIREMENT, teacher!

Name: _____

Message: _____

_____

_____

_____

_____

Email / Phone: _____

Name: _____

Message: _____

_____

_____

_____

_____

Email / Phone: _____

Name: _____

Message: _____

_____

_____

_____

_____

Email / Phone: _____

Happy RETIREMENT, teacher!

Name: _____

Message: _____

_____

_____

_____

_____

Email / Phone: _____

Name: _____

Message: _____

_____

_____

_____

_____

Email / Phone: _____

Name: _____

Message: _____

_____

_____

_____

_____

Email / Phone: _____

Happy RETIREMENT, teacher!

Name: _____

Message: _____

_____

_____

_____

_____

Email / Phone: _____

Name: _____

Message: _____

_____

_____

_____

_____

Email / Phone: _____

Name: _____

Message: _____

_____

_____

_____

_____

Email / Phone: _____

Happy RETIREMENT, teacher!

Name: _____

Message: _____

_____

_____

_____

_____

Email / Phone: _____

Name: _____

Message: _____

_____

_____

_____

_____

Email / Phone: _____

Name: _____

Message: _____

_____

_____

_____

_____

Email / Phone: _____

Happy RETIREMENT, teacher!

Name: _____

Message: _____

_____

_____

_____

_____

Email / Phone: _____

Name: _____

Message: _____

_____

_____

_____

_____

Email / Phone: _____

Name: _____

Message: _____

_____

_____

_____

_____

Email / Phone: _____

Happy RETIREMENT, teacher!

Name: _____

Message: _____

_____

_____

_____

_____

_____

Email / Phone: _____

Name: _____

Message: _____

_____

_____

_____

_____

_____

Email / Phone: _____

Name: _____

Message: _____

_____

_____

_____

_____

_____

Email / Phone: _____

Happy RETIREMENT, teacher!

Name: _____

Message: _____

_____

_____

_____

_____

Email / Phone: _____

Name: _____

Message: _____

_____

_____

_____

_____

Email / Phone: _____

Name: _____

Message: _____

_____

_____

_____

_____

Email / Phone: _____

Happy RETIREMENT, teacher!

Name: _____

Message: _____

_____

_____

_____

_____

_____

Email / Phone: _____

Name: _____

Message: _____

_____

_____

_____

_____

_____

Email / Phone: _____

Name: _____

Message: _____

_____

_____

_____

_____

_____

Email / Phone: _____

Happy RETIREMENT, teacher!

Name: _____

Message: _____

_____

_____

_____

_____

Email / Phone: _____

Name: _____

Message: _____

_____

_____

_____

_____

Email / Phone: _____

Name: _____

Message: _____

_____

_____

_____

_____

Email / Phone: _____

Happy RETIREMENT, teacher!

Name: _____

Message: _____

_____

_____

_____

_____

Email / Phone: _____

Name: _____

Message: _____

_____

_____

_____

_____

Email / Phone: _____

Name: _____

Message: _____

_____

_____

_____

_____

Email / Phone: _____

Happy RETIREMENT, teacher!

Name: _____

Message: _____

_____

_____

_____

_____

Email / Phone: _____

Name: _____

Message: _____

_____

_____

_____

_____

Email / Phone: _____

Name: _____

Message: _____

_____

_____

_____

_____

Email / Phone: _____

Happy RETIREMENT, teacher!

Name: _____

Message: _____

_____

_____

_____

_____

Email / Phone: _____

Name: _____

Message: _____

_____

_____

_____

_____

Email / Phone: _____

Name: _____

Message: _____

_____

_____

_____

_____

Email / Phone: _____

Happy RETIREMENT, teacher!

Name: _____

Message: _____

_____

_____

_____

_____

Email / Phone: _____

Name: _____

Message: _____

_____

_____

_____

_____

Email / Phone: _____

Name: _____

Message: _____

_____

_____

_____

_____

Email / Phone: _____

Happy RETIREMENT, teacher!

Name: _____

Message: _____

_____

_____

_____

_____

Email / Phone: _____

Name: _____

Message: _____

_____

_____

_____

_____

Email / Phone: _____

Name: _____

Message: _____

_____

_____

_____

_____

Email / Phone: _____

Happy RETIREMENT, teacher!

Name: _____

Message: _____

_____

_____

_____

_____

Email / Phone: _____

Name: _____

Message: _____

_____

_____

_____

_____

Email / Phone: _____

Name: _____

Message: _____

_____

_____

_____

_____

Email / Phone: _____

Happy RETIREMENT, teacher!

Name: _____

Message: _____

_____

_____

_____

_____

Email / Phone: _____

Name: _____

Message: _____

_____

_____

_____

_____

Email / Phone: _____

Name: _____

Message: _____

_____

_____

_____

_____

Email / Phone: _____

Happy RETIREMENT, teacher!

Name: _____

Message: _____

_____

_____

_____

_____

Email / Phone: _____

Name: _____

Message: _____

_____

_____

_____

_____

Email / Phone: _____

Name: _____

Message: _____

_____

_____

_____

_____

Email / Phone: _____

Happy RETIREMENT, teacher!

Name: _____

Message: _____

_____

_____

_____

_____

Email / Phone: _____

Name: _____

Message: _____

_____

_____

_____

_____

Email / Phone: _____

Name: _____

Message: _____

_____

_____

_____

_____

Email / Phone: _____

Happy RETIREMENT, teacher!

Name: _____

Message: _____

_____

_____

_____

_____

Email / Phone: _____

Name: _____

Message: _____

_____

_____

_____

_____

Email / Phone: _____

Name: _____

Message: _____

_____

_____

_____

_____

Email / Phone: _____

Happy RETIREMENT, teacher!

Name: _____

Message: _____

_____

_____

_____

_____

Email / Phone: _____

Name: _____

Message: _____

_____

_____

_____

_____

Email / Phone: _____

Name: _____

Message: _____

_____

_____

_____

_____

Email / Phone: _____

Happy RETIREMENT, teacher!

Name: _____

Message: _____

_____

_____

_____

_____

Email / Phone: _____

Name: _____

Message: _____

_____

_____

_____

_____

Email / Phone: _____

Name: _____

Message: _____

_____

_____

_____

_____

Email / Phone: _____

Happy RETIREMENT, teacher!

Name: _____

Message: _____

_____

_____

_____

_____

_____

Email / Phone: _____

Name: _____

Message: _____

_____

_____

_____

_____

_____

Email / Phone: _____

Name: _____

Message: _____

_____

_____

_____

_____

_____

Email / Phone: _____

Happy RETIREMENT, teacher!

Name: _____

Message: _____

_____

_____

_____

_____

Email / Phone: _____

Name: _____

Message: _____

_____

_____

_____

_____

Email / Phone: _____

Name: _____

Message: _____

_____

_____

_____

_____

Email / Phone: _____